AF410877

# CHEMIN DE FER

## DE

# GALVESTON, HOUSTON ET HENDERSON.

PARIS. — TYP. GAITTET ET BELHATTE, R. GIT-LE-COEUR, 7.

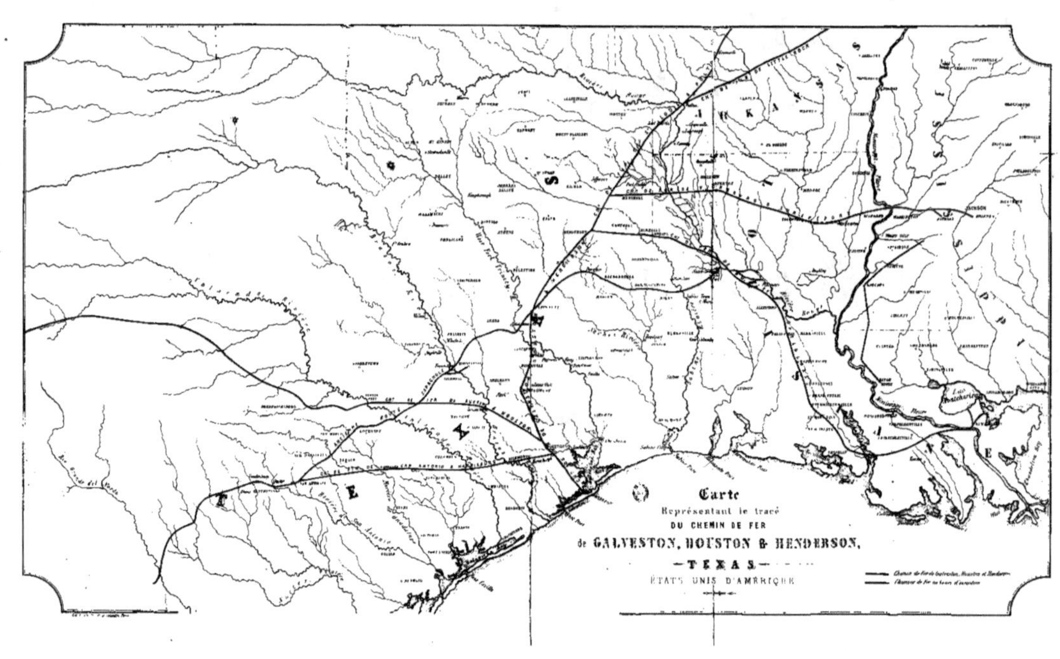

Carte
Représentant le tracé
DU CHEMIN DE FER
de GALVESTON, HOUSTON & HENDERSON,
—TEXAS—
ÉTATS UNIS D'AMÉRIQUE

# OBLIGATIONS

## DE CHEMINS DE FER AUX ÉTATS-UNIS D'AMÉRIQUE.

## ÉTAT DU TEXAS.

### Concession à perpétuité

DE LA

# LIGNE DE GALVESTON, HOUSTON ET HENDERSON,

Homologuée par un acte de la législature de l'État du
Texas, en février 1853.

*Longueur de la ligne concédée, 210 milles  336 kilomètres .*

PRÉSIDENT DE LA COMPAGNIE :

Richard B. Kimball, Esq. 49 Wall Street, New-York.

| BANQUIERS POUR L'ENCAISSEMENT DES OBLIGATIONS, LE SERVICE DES COUPONS ET DIVIDENDES, ET LE REMBOURSEMENT : | LE COMPTOIR NATIONAL D'ESCOMPTE. Rue Bergère, à Paris |

BUREAUX DE LA COMPAGNIE :

A PARIS, 29 RUE DE CAUMARTIN.

Les obligations sont de f. 2,500 ( 100 livres sterling) chaque.

Elles donnent 6 pour cent d'intérêt payables par
semestre, le 1er juin et le 1er décembre.

Ces obligations seront remboursées au pair le
1er Décembre 1873.

Les porteurs d'obligations ont droit de convertir
leurs titres en actions au pair. Ce droit leur est réservé pendant 3 ans, à dater de la mise en exploita-

tation de chacune des sections pour laquelle les obligations sont créées.

Le capital de la première section, qui est tête de ligne, de Galveston à Houston sur une longueur de 53 milles (environ 85 kilomètres), est fixé à la somme de 350,000 livres sterling, fr. 8,750,000.

Le capital a été divisé en actions, jusqu'à concurrence de  200,000 livres  sterling ,  fr. 5,000,000
En obligations 150,000 l. st. . . . fr. 3,750,000
fr. 8,750,000

Les actions de 500 francs chacune ont été souscrites en  totalité. Le public a souscrit et payé 2,550,000 francs. Le reste a été pris par les entrepreneurs en paiement des travaux.

Ces travaux sont terminés, on en est à la pose des rails.

500 obligations sont émises en France.

Les obligations sont garanties par privilége sur la propriété de la concession, sur tous les biens meubles et immeubles de la compagnie et par 542,720 acres de terre (221,520 hectares), que le gouvernement a donnés à la compagnie à titre d'encouragement ou de subvention.

La compagnie choisira ces terres sur les points qui lui conviendront.

Il est à remarquer que le prix vénal des terres au Texas dans le voisinage des chemins de fer, produira pour les 542,720 acres concédés, une somme de

714,080 livres sterling, c'est-à-dire au-delà du double du capital de la compagnie.

Il en résultera que les actions seront remboursées promptement, aussi bien que les obligations, et que les actionnaires toucheront des dividendes considé-rables sur des actions amorties.

Capital en actions,   l. st. 200,000, fr. 5,000,000
Id.   en obligat{ns}., l. st. 150,000, fr. 3,750,000

Total. . fr. 8,750,000

Valeur vénale des 542,720
acres de terre. . . . l. st. 714,080, fr., 17,852,000

Voici le résumé des produits de la 1re section, cal-culé seulement sur le trafic actuel entre Galveston et Houston.

Produit brut. . . . l. st. 66,210, fr. 1,655,250
A déduire 40 p. 0/0 pour les frais, fr.   662,100

Reste net. . . fr.   993,150

Intérêts à 6 p. 0/0 pour les
obligations . . . . . . . . fr. 225,000 ⎫ fr. 350,000
Prélèvement annuel pour          ⎬
l'amortissement. . . . . fr. 125,000 ⎭

Reste pour le dividende des ac-tions. . . . . . . . . . . . . . . . . . . fr. 643,150
Soit 12 4/5 pour cent.

## Documents authentiques déposés par la compagnie.

1° Acte de constitution de l'état du Texas ;

2° Acte de concession du chemin de fer ;

3° Législation relative aux chemins de fer dans l'état du Texas ;

4° Actes de concession de 10,240 acres de terre par mille courant du chemin de fer de Galveston, Houston et Henderson ;

5° Carte des lignes concédées à la compagnie ;

6° Acte d'organisation de la compagnie : décisions du conseil d'administration ;

7° Acte relatif à la création des obligations ;

8° Procuration conférée par le conseil d'administration ;

9° Acte de la ville de Galveston, autorisant la compagnie à ouvrir les travaux à travers la ville ;

10° Certificat du trésorier relativement aux dépenses faites ;

11° Rapport de l'office général des terres au Texas.

---

NOTA. — Le produit de la vente en totalité ou en partie des 542,720 acres de terres concédés à la compagnie, doit être mis au fonds d'amortissement jusqu'à due concurrence.

( 2 acres et 45 centièmes égalent 1 hectare ).

Paris. — Typ. Gaittet et Belhatte. r. Git-le-Cœur. 7.

# CHEMIN DE FER

DE

# GALVESTON, HOUSTON ET HENDERSON.

## Acte d'incorporation de la Compagnie du chemin de fer de Galveston, Houston et Henderson.

ART. 1<sup>er</sup>. — Il a été décrété par la législature de l'Etat du *Texas*, que *William C. Lacy*, *T.-P. Anderson*, *R.-A. Harris*, et *William M. Tuck*, comme aussi leurs associés et successeurs, soient, ainsi que par le présent acte ils sont créés et établis, un corps ou association, sous le nom de *Compagnie du chemin de fer de Galveston, Houston et Henderson*, avec pleins pouvoirs, au nom de ladite association, de faire des contrats, de se succéder, et d'avoir une signature, un seing commun, de faire des arrêtés pour l'administration de ladite Compagnie, d'être poursuivis en justice et de poursuivre, de plaider et d'intenter procès, de concéder et de recevoir des concessions, et en général d'exécuter tous les actes nécessaires et tenant à l'accomplissement des obligations de ladite Compagnie, au maintien de ses droits, sous cet acte et d'accord avec la constitution de l'Etat.

ART. 2. — Que ladite compagnie est, par ces présentes,

revêtue du droit de placer et de maintenir un chemin de fer, commençant à *Galveston*, traversant la baie de *Galves-ton*, de manière à ne pas obstruer ou empêcher la navigation de ladite baie, et de là, continuant par tels points ou endroits que la compagnie jugera convenables jusqu'à la ville de *Houston*. — De là, par la ligne la plus directe et la plus convenable, jusqu'à *Henderson* dans le comté de *Rusk*, et avec le privilége, en outre, de faire, de maintenir et de posséder tels embranchements dudit chemin de fer qu'elle jugera convenable d'ajouter.

Art. 3. — Que les parties nommées dans cet acte, ou la majorité, avec telles personnes qu'elles s'associeront à cet effet, sont par ces présentes constituées en commission, et revêtues du droit de former et organiser ladite compagnie, et d'exercer les pouvoirs de Directeurs, jusqu'à ce que les Directeurs soient choisis; les pouvoirs des commissaires devant cesser à la nomination des Directeurs.

Art. 4. — Le capital de ladite compagnie sera partagé en actions de cent dollars chacune, chaque action donnant droit au porteur à un vote, soit personnellement, soit par procuration, dans toutes les assemblées de la compagnie, et les actions seront estimées comme biens meubles et seront transférables par un contrat écrit quelconque, inscrit par le trésorier dans les livres tenus à cet effet dans son bureau, ou par un employé dûment autorisé par les Directeurs, dans les livres que ledit employé tient à cet effet, en tel autre endroit qu'il plaira aux Directeurs de signaler : tels transferts qui seront inscrits dans tout autre endroit, devant être dans les quatre-vingt-dix jours communiqués au caissier, pour être par lui inscrits sur ses livres.

Art. 5. — Les affaires de la compagnie seront gérées par un conseil de cinq Directeurs au moins. Lesdits Directeurs nommeront un d'entr'eux Président de la compagnie; le premier conseil sera choisi par les personnes nommées dans cet acte, et telles autres qu'il leur plaira de s'associer à cet effet; cette élection se fera dans la ville de *Galveston*, et à telle époque qu'il plaira aux personnes mentionnées dans cet acte, ou à la majorité d'entr'elles, et à leurs associés de fixer. Nul ne pourra être élu aux fonctions de Directeur s'il ne se trouve possesseur, par souscription, ou autrement, de trois actions du capital mis en actions; les Directeurs auront le droit de remplir les places vacantes dans leur conseil, par suite de non-élection ou par autres causes; ils auront le droit de nommer un commis, un caissier ou tels autres agents ou employés qu'ils jugeront nécessaires, ainsi que de prescrire et requérir desdits agents, des garanties pour le fidèle accomplissement des devoirs de leurs places; ils pourront décréter les règles et stipulations pour la convocation des assemblées, et toutes autres choses légales qu'ils jugeront nécessaires pour l'exécution des articles de cette charte, et des affaires de la compagnie. Ils tiendront ou feront tenir des registres exacts de toutes les assemblées des Directeurs de la compagnie, et des livres et comptes exacts des recettes et dépenses de la compagnie, ainsi que tous autres livres et comptes nécessaires pour cette sorte d'entreprise, lesquels seront sujets à l'inspection des porteurs d'actions. Une majorité du conseil des Directeurs aura le pouvoir du conseil complet, et tous transferts et contrats faits par écrit, signés du Président et contresignés par le caissier ou tout autre employé dûment autorisé à cet effet par les Directeurs, ayant le seing de la compagnie et ayant été décrétés par le vote des Directeurs, seront valables et obligatoires.

Art. 6. — Les directeurs auront droit de disposer des actions dudit capital en actions, de telle manière et à telles conditions qu'ils jugeront convenir aux intérêts de la Compagnie ; et tout contrat ainsi fait par écrit, portant qu'une personne quelconque devient souscripteur du capital en actions de la Compagnie, peut être mis à exécution, suivant les termes de la loi et dudit contrat. Dans le cas où un souscripteur manquerait à payer une somme quelconque due sur les actions pour lesquelles il a souscrit, suivant les termes de sa souscription, les directeurs peuvent, après soixante jours d'avis, vendre en vente publique les actions pour lesquelles le débiteur aura souscrit, et transférer à l'acheteur lesdites actions. Dans le cas où le produit de la vente ne suffirait pas au paiement de la somme avec intérêts et frais, ledit débiteur sera responsable du déficit envers la Compagnie, et si le produit se trouvait excéder la dette, ses intérêts et frais, le débiteur aura droit à l'excédant.

Art. 7. — La Compagnie aura le droit d'acheter et de posséder les terres qui seront requises pour l'emplacement, la construction et l'entretien dudit chemin de fer, ainsi que les stations et autres bâtiments nécessaires, et d'envoyer leurs agents et employés prendre possession de telles terres qu'ils jugeront nécessaires à l'emplacement, à la construction et à l'entretien dudit chemin de fer, et s'ils ne réussissent pas à obtenir la possession desdites terres par accord, ou contrat fait avec les propriétaires, ils en paieront la valeur ainsi qu'il est dit dans l'article suivant; le terrain, ainsi pris, ne devant pas excéder, en largeur, cinquante *yards*: mais pour les stations et autres constructions, on pourra s'étendre autant qu'on le jugera nécessaire.

Art. 8. — Toute personne à qui il aurait été pris des terres pour l'objet exposé dans l'article précédent, aura le droit de requérir de la cour du district du comté où lesdites terres sont situées, qu'il soit nommé des commissaires-experts : après preuve fournie, séance tenante, que le Président ou autre employé de la Compagnie a reçu un avis, avec description de la terre, dix jours avant l'ouverture de la cour, ladite cour nommera trois propriétaires désintéressés, citoyens du comté, qui fixeront les jour et lieu pour ouïr le requérant, ainsi que la compagnie, ou le président ou l'agent de celle-ci ; lesdits lieu et jour ayant été signifiés par la cour assez longtemps à l'avance, et lesdits propriétaires ayant prêté serment, et ouï les parties, détermineront le montant de l'indemnité due, et feront un rapport à la cour du jugement qu'ils auront porté : à la session suivante, ledit jugement pourra être confirmé ou rejeté pour raison suffisante, par ladite cour, ainsi qu'il est fait dans les jugements par arbitres avec permission accordée par la cour, et si le jugement est confirmé, il sera passé outre comme sur chose jugée.

En déterminant le montant de l'indemnité, les propriétaires-arbitres auront égard à la valeur actuelle de la terre à l'époque où elle a été expropriée par la compagnie, et au degré de dommage ou d'utilité apporté par l'établissement dudit chemin de fer aux autres terres contigües appartenant au même propriétaire ; et si, dans un cas quelconque, la somme allouée par les arbitres n'excède pas la somme que l'on prouvera avoir été offerte par la compagnie au propriétaire, avant la présentation de la requête à la cour, ledit propriétaire paiera les frais de procédure, lesquels, dans le cas contraire, seront payés par la compagnie.

Art. 9. — Ladite compagnie est autorisée à acquérir par achat, concession ou échange d'actions, tels biens-fonds que les Directeurs jugeront nécessaires à la construction et à l'entretien dudit chemin de fer : lesdits biens-fonds acquis pourront être hypothéqués ou aliénés par le vote de la majorité des Directeurs pour la construction et l'entretien dudit chemin ; ladite aliénation ou hypothèque devant être signée du président et contresignée par le caissier.

Art. 10. — La compagnie aura le droit d'emprunter des fonds sur des Bons ou obligations, au taux que les Directeurs jugeront convenable.

Le présent article ne pourra être interprété comme conférant à la Compagnie des priviléges de banque de quelque nature que ce soit.

Art. 11. — A la requête, par écrit, d'un quart des actionnaires, le Président de la compagnie convoquera une assemblée spéciale des Directeurs ; et sur la demande écrite des trois quarts des actionnaires, le Président pourra destituer un ou plusieurs, ou tous les Directeurs, et procédera à une nouvelle élection dans les trente jours ; les Directeurs ainsi élus conserveront leurs places jusqu'à l'époque prescrite pour la prochaine élection régulière.

Art. 12. — Si ledit chemin de fer n'est pas commencé dans les 12 mois, à partir du 1er mars 1853, et si une partie d'au moins 40 milles de long ne se trouve pas en état de service dans trois ans, à partir de la date de son commencement, la présente charte sera nulle et non avenue.

Art. 13. — La compagnie est, par ces présentes, tenue de transporter, dans un temps raisonnable et pour une compensation suffisante, les voyageurs, effets, marchandises et voitures de toute autre compagnie de chemin de fer, qui est ou qui sera autorisée par la législature, à se joindre ou à faire fusion avec la présente compagnie ; et si les compagnies des deux parts ne peuvent s'accorder sur le montant de ladite compensation, il sera du devoir des Présidents de chaque compagnie de nommer chacun un commissaire, et les deux commissaires ainsi nommés en devront choisir un troisième, en cas qu'il n'y ait pas accord entr'eux ; aucun des trois arbitres ne pourra être pris parmi les actionnaires de l'une ou l'autre route, ni parmi les intéressés. Ils fixeront les taux pour un an à partir de l'époque de l'arbitrage. Lesdits commissaires fixeront

aussi les heures auxquelles les voitures seront transportées, ainsi qu'il a été dit, ayant égard aux intérêts et con-
venances desdites compagnies et du public.

La compagnie aura le droit, en vertu du présent acte,
de contracter et de faire fusion avec les compagnies quelconques qui ont reçu ou qui recevront de l'Etat une charte
de concession de transports, et en cas de désaccord entre
les compagnies, ces désaccords seront réglés et jugés ainsi
qu'il a été dit.

Art. 14. — Le présent acte d'incorporation expire
dans quatre-vingt-dix ans, à moins qu'il ne soit renouvelé
ou prolongé.

Art. 15. — La compagnie sera sujette aux conditions
des lois générales qui pourraient être rendues par la législature de l'Etat, pour la gestion des compagnies de chemins de fer, en tant que lesdites lois n'altèreraient pas les
conditions de la présente charte.

Art. 16. — Le présent acte aura son effet à dater de
sa stipulation.

## Exposé.

La *Compagnie du chemin de fer de Galveston, Houston et Henderson* a été *incorporée* par acte de la législature de l'Etat du Texas, au mois de février 1853. Elle est administrée par un conseil de *Directeurs* choisis conformément à la teneur dudit acte d'*incorporation*, lequel comprend les conditions et clauses en usage pour les compagnies de chemins de fer aux Etats-Unis.

Ce chemin de fer court du sud au nord, et est continué, en quelque sorte, par la ligne de *Saint-Louis et Fulton*, dans la même direction. Il joint d'abord *Galveston*, le point de départ, et *Houston*, les deux villes les plus peuplées et les plus florissantes du *Texas*.

Dans le reste de son parcours il se relie à plusieurs lignes, et entre ainsi dans le vaste réseau de communication par voie ferrée qui embrasse la Confédération Américaine.

Ce sont d'abord, à l'ouest, la ligne de *San-Antonio et Harrisburg*, qu'il rejoint à *Harrisburg*, cinq milles avant *Houston*, et celle de *Houston et Austin* qu'il rencontre à la ville même de *Houston*.

De là, traversant les riches et importants comtés de *Harris, Montgomery, Liberty, Polk, Trinity, Angelina, Nacogdochea et Rusk*, il remonte jusqu'à *Henderson*, son point d'arrivée, où il touche à la ligne sud-est de *la Trouville, Nouvelle-Orléans, Opelousas et Great-Western*.

Vers le nord, il s'unit, comme on l'a dit, à la ligne de *Saint-Louis et Fulton* qui lui donne, du côté nord-est, accès au chemin de *Wicksburg et Shrewport* et à celui de *Little-Rock*.

Cet immense réseau de chemins de fer, qui dès à présent sont achevés ou en cours d'exécution, sera sans doute complétement construit et ouvert au commerce à l'époque où sera terminée la ligne dont il s'agit ici.

La carte ci-jointe démontre l'importance du rapport qui existe entre ces diverses voies et celle de *Galveston*. Grâce, en effet, à ces puissants auxiliaires, notre ligne se trouvera en communication directe, d'un côté avec les Etats du *Nord* et ceux de l'*Est*, de l'autre avec les Etats que baignent les deux océans, l'*Atlantique* et le *Pacifique*. Touchant au port de *Galveston*, elle sera entre cette ville et *Henderson*, comme une grande artère commerciale où viendront affluer, en véritables tributaires, les nombreux embranchements des territoires les plus reculés de l'*Union*.

La longueur de la ligne est de 210 milles (336 kilomètres). Déjà une grande partie est construite et l'on pose les rails.

Pour la première section, le capital en actions, montant à 1. st. 200,000 (5,000,000 fr., est souscrit et payé, ce qui a décidé les autorités civiles de *Galveston* à autoriser la poursuite des travaux dans la ville même, et l'acquisition sur les bords de la mer de terrains de grande valeur. Il y a donc lieu d'espérer que le tronçon entre *Galveston* et *Houston*, sur une longueur de 53 milles (85 kilomètres), sera inauguré dans le courant de l'année prochaine.

### Avantages de ce chemin de fer.

Il n'y a peut-être pas aux *Etats-Unis d'Amérique* un seul chemin de fer qui présente autant d'avantages que celui de *Galveston*, *Houston* et *Henderson*.

Outre le commerce local, qui, grâce aux lignes de communications directes, embrassera 31 comtés, il desservira l'immense commerce d'exportation et d'importation de tout l'Etat du *Texas*, sur un espace de plus de 237,320 milles carrés.

Le *Texas* est d'une salubrité et d'une fertilité proverbiales. Dans une étendue de 60 milles, sur les bords du golfe du *Mexique*, le sol est aussi bon, sinon meilleur, pour la culture de la canne à sucre, que dans toute autre partie du monde.

Immédiatement au nord de ce terrain se trouvent des terres à coton, qui, sur une étendue de 100 milles, se prolongent depuis la rivière *Sabine* à l'est, jusqu'au *Rio-Grande*, à l'ouest, et sont susceptibles de produire plus de coton que n'en donne en ce moment la récolte entière des *Etats-Unis*. Au nord et à l'ouest de ce terrain, la fertilité du sol, pour ce qui est blé, froment, avoine, orge, est comparable à celle des meilleures terres du nord des *Etats-Unis*. C'est aussi le pays qui renferme les plus beaux pâturages du monde.

L'expérience a si bien établi les avantages que possède le *Texas*, que, depuis son annexion, cet Etat a fait de plus rapides progrès pour le commerce et pour la population qu'aucun autre des Etats atlantiques de l'*Union*.

Depuis 1850, la population s'y est augmentée de 33 1/2 pour cent par an, et doit par conséquent se trouver doublée en moins de trois ans. En prenant les établissements les plus florissants des autres Etats de l'ouest, nous trouverons que cette augmentation a demandé plus de temps. En voici des exemples :

| | |
|---|---|
| *Chicago.* . . . . . . | 3 1/2 par an. |
| *Saint-Louis.* . . . . . . | 4 » |
| *Covington.* . . . . . . | 5 » |
| *Cleveland et Cincinnati.* . | 6 » |
| *Pitzburg et New-Albany.* . | 8 » |
| *Louisville.* . . . . . | 9 1/2 » |

Les progrès rapides que nous mentionnons, quoiqu'estimés d'après le rapport fait pour l'Etat du *Texas* en général, se trouvent plus particulièrement marqués dans les environs immédiats de notre chemin de fer, qui, s'avançant à travers les villes peuplées et florissantes de *Galveston*,

*Harrisburg, Houston, Livingston, Carolina, Marion, Nacogdochea, Douglas, Melrose et Henderson,* traverse la partie la plus riche et la plus fertile de l'Etat.

## Le port de Galveston.

Parmi les éléments de succès de la ligne en question, le principal est, sans contredit, son point de départ méridional, la ville maritime de *Galveston.* La carte ci-jointe démontre assez les avantages de sa position géographique. L'île du même nom est longue de vingt milles sur une largeur d'environ deux milles, et la ville est située à son extrémité orientale. Le peu de profondeur de l'eau entre l'île et le continent, permet d'en faire le trajet à gué sur presque tous les points : et, la plus grande profondeur à l'endroit que doit traverser le chemin de fer n'étant que de six pieds, l'ingénieur n'aura à lutter contre aucune difficulté pour réunir l'île au continent. Le havre, devant la ville, a une longueur de deux milles; des jetées, de 300 pieds de largeur, seront construites, afin que les bâtiments tirant 20 ou 30 pieds d'eau, puissent décharger leurs cargaisons. La carte marine du gouvernement indique une profondeur suffisante, même à marée basse, dans le canal qui mène de la mer au havre, et la plus grande partie des bâtiments à voiles passent la barre et rentrent au port sans aide de pilote. La nature a ainsi fait du port de *Galveston* un abri facile et sûr pour les bâtiments du plus fort tonnage.

Sur un espace de 900 milles, le long du golfe du *Mexi-que*, entre le passage sud-ouest du *Mississippi* et *Vera-Cruz*, il n'existe pas d'endroit où un bâtiment tirant neuf pieds d'eau puisse trouver un abri, à l'exception de *Galveston*, qui, protégé contre les vents du nord par les îles *du Péli-can* et les îles *Plates*, offre le havre le plus sûr et le meil-leur, sous tous les rapports.

*Galveston* est de 200 milles plus près des terres à sucre et à coton du *Texas*, qu'aucun autre port de mer sur le golfe du *Mexique*, et, comme on l'a dit plus haut, c'est la seule issue pour l'exportation des produits de plus de 237,320 milles carrés, dans le pays le plus fertile du continent de l'*Amérique du Nord*. Il est donc appelé à devenir le plus vaste entrepôt du commerce d'exportation et d'importation de tout l'Etat du *Texas*. Le grand chemin de fer national qui doit relier l'océan Atlantique au Pacifique, et que l'on étudie en ce moment, ajoutera encore à son importance : la ligne de *Galveston, Houston et Henderson* achèvera d'en faire le port le plus accessible de tout le golfe du *Mexique*, pour toute l'extrémité sud-ouest des *Etats-Unis*.


## Galveston et la Nouvelle-Orléans comparés comme ports pour l'État du Texas.


Le point le plus rapproché auquel on puisse comparer *Galveston*, est la *Nouvelle-Orléans*, ce grand port du *Missis-sippi*, si bien connu en *Angleterre* comme l'entrepôt du commerce de coton des États du *Sud*. Le terrain à coton du côté texien du *Mississippi*, est de beaucoup plus étendu que celui qui est situé à l'est du fleuve. La table suivante des ports importants du *Mississippi* établira leurs distances respectives de *Galveston* et de la *Nouvelle-Orléans*.

| Noms des ports | Par chemins de fer | Distance en mille de la Nouvelle-Orléans | — de Galveston |
|---|---|---|---|
| *Longansport*, | sur la rivière Sabine. | 340 | 267 |
| *Fulton*, | sur la rivière Rouge. | 460 | 342 |
| *Henderson*. | Rusk County, | 390 | 222 |
| *Sherman*, | Grayson County, | 540 | 325 |
| *Port Graham*, | sur la rivière Brazos, | 530 | 250 |
| *Austin*, | sur le Colorado, | 615 | 190 |
| *San Antonio*. | | 685 | 225 |
| | | 3,360 | 1,821 |
| Distance moyenne : | | 510 milles | 260 milles |

C'est dans ces villes importantes que viennent se réunir les produits des diverses localités pour être de là acheminés vers les ports étrangers; elles doivent donc mieux représenter les distances relatives entre les deux ports de *Galveston* et de la *Nouvelle-Orléans*, et les terres à coton, sucre, tabac et blé, situées à l'ouest du *Mississippi*. La table citée plus haut donne comme distance moyenne pour la *Nouvelle-Orléans* 510 milles, et pour *Galveston* 260 milles seulement : d'où il résulte pour ce dernier port un avantage de 250 milles, sur un terrain qui comprend plus de 237,320 milles carrés.

Sans prétendre rivaliser avec la *Nouvelle-Orléans*, la ville de *Galveston* peut aspirer à se voir, dans peu d'années, l'égale de cette grande et florissante ville. Outre les avantages ci-dessus détaillés, *Galveston* offre celui d'une situation parfaitement saine et très-agréable.

## Influence des chemins de fer sur le prix de transport.

La prospérité que peut se promettre *Galveston* ne devra pas se développer aux depens des intérêts de la *Nouvelle-Orléans* et de *New-York*, mais, à l'aide de notre ligne et de ses embranchements, *Galveston* ouvrira à l'Etat du *Texas* de nouvelles voies pour son industrie, et une issue directe et facile pour ses nombreux produits en coton, sucre, tabac, grains et bétail. L'expérience a démontré que le transport par voie ferrée donne une économie considérable pour le producteur aussi bien que pour le consommateur.

Voici, à l'appui de ce fait, un extrait d'un excellent article du *Times* sur les chemins de fer aux *Etats-Unis*.

*Valeur d'un tonneau de blé et d'un tonneau de maïs à mesure qu'il s'éloigne du marché, et différence de son prix selon le transport par chemin de fer ou par chemin ordinaire.*

| | Transport par chemin de fer. | | | | Transport par chemin ordinaire. | | | |
|---|---|---|---|---|---|---|---|---|
| | Froment. | | Maïs. | | Froment. | | Maïs. | |
| Valeur sur le marché | $D^s$ | $C^s$ | $D^s$ | $C^s$ | $D^s$ | $C^s$ | $D^s$ | $C^s$ |
| de vente : | 49 | 50 | 24 | 75 | 49 | 50 | 24 | 75 |
| a 10 mil. du marché | 49 | 35 | 24 | 60 | 48 | »» | 23 | 25 |
| 20 — | 49 | 20 | 24 | 45 | 46 | 50 | 21 | 75 |
| 30 — | 49 | 05 | 24 | 30 | 45 | »» | 20 | 25 |
| 40 — | 48 | 90 | 24 | 15 | 43 | 50 | 18 | 75 |
| 50 — | 48 | 75 | 24 | »» | 42 | »» | 17 | 25 |

| | Transport par chemin de fer | | | | Transport par chemin ordinaire | | | |
| | Froment. | | Maïs. | | Froment. | | Maïs. | |
| | D$^s$ | C$^s$ | D$^s$ | C$^s$ | D$^s$ | C$^s$ | D$^s$ | C$^s$ |
|---|---|---|---|---|---|---|---|---|
| 60 | 48 | 60 | 23 | 85 | 40 | 10 | 15 | 75 |
| 70 | 48 | 45 | 23 | 70 | 39 | »» | 14 | 25 |
| 80 | 48 | 30 | 23 | 55 | 37 | 50 | 12 | 75 |
| 90 | 48 | 15 | 23 | 40 | 36 | »» | 11 | 25 |
| 100 | 48 | »» | 23 | 25 | 34 | 50 | 9 | 75 |
| 110 | 47 | 85 | 23 | 10 | 33 | »» | 8 | 25 |
| 120 | 47 | 70 | 22 | 95 | 31 | 50 | 6 | 75 |
| 130 | 47 | 55 | 22 | 80 | 30 | »» | 5 | 25 |
| 140 | 47 | 40 | 22 | 65 | 28 | 50 | 3 | 75 |
| 150 | 47 | 25 | 22 | 50 | 27 | »» | 2 | 25 |
| 160 | 47 | 10 | 22 | 35 | 25 | 50 | 0 | 75 |
| 170 | 46 | 95 | 22 | 20 | 24 | »» | | |
| 180 | 46 | 80 | 22 | 5 | 22 | 50 | | |
| 190 | 46 | 65 | 21 | 90 | 21 | »» | | |
| 200 | 46 | 50 | 21 | 75 | 19 | 50 | | |
| 210 | 46 | 35 | 21 | 60 | 18 | »» | | |
| 220 | 46 | 20 | 21 | 45 | 16 | 50 | | |
| 230 | 46 | 5 | 21 | 30 | 15 | »» | | |
| 240 | 45 | 90 | 21 | 15 | 13 | 50 | | |
| 250 | 45 | 75 | 21 | »» | 12 | »» | | |
| 260 | 45 | 60 | 20 | 85 | 10 | 50 | | |
| 270 | 45 | 45 | 20 | 70 | 9 | »» | | |
| 280 | 45 | 30 | 20 | 55 | 7 | 50 | | |
| 290 | 45 | 15 | 20 | 40 | 6 | »» | | |
| 300 | 45 | »» | 20 | 25 | 4 | 50 | | |
| 310 | 44 | 85 | 20 | 10 | 3 | »» | | |
| 320 | 44 | 70 | 19 | 95 | 1 | 50 | | |
| 330 | 44 | 55 | 19 | 80 | 1 | 50 | | |

Le prix d'un tonneau de froment rendu au marché étant
donc de D$^s$ 49,50 c., et celui d'un tonneau de maïs étant
de D$^s$ 24,75 c., le coût de transport du premier à un marché éloigné de 330 milles par la route ordinaire en absor-
bera toute la valeur, et il en sera de même à 170 milles
pour un tonneau de maïs. Par conséquent, celui à qui son
froment n'aurait rien coûté, mais qui aurait à le transporter par la voie ordinaire, à 330 milles, pour le vendre,

n'en retirerait pas un sou, non plus que de son maïs s'il lui fallait le transporter à 170 milles ; celui, au contraire, qui aurait payé son froment à raison de D⁵ 44,55 c. le tonneau, pourrait le transporter par chemin de fer à 330 milles sans perdre d'argent ; et, en payant son maïs à raison de D⁵ 22,20 c. le tonneau, il pourrait encore le transporter par chemin de fer à un marché éloigné de 170 milles.

De là vient qu'un grand nombre de fermiers de l'intérieur ne cultivent que pour leur usage. Mais on peut bien croire qu'ils en agiraient autrement s'ils avaient des moyens de transports faciles et peu coûteux. Car, dans ces climats privilégiés ce n'est pas le sol qui manque au laboureur, et les récoltes n'ont d'autres limites que la volonté et les besoins même de l'homme.

Le principe démontré par les chiffres ci-dessus, s'applique à tous les produits du sol aussi bien qu'au blé et au froment, et fournirait au besoin une preuve de cette vérité que les chemins de fer sont des éléments d'industrie, et suffisent pour métamorphoser en cités florissantes des hameaux naguère inconnus.

Que conclure de tout ce que nous avons dit de la position de *Galveston* comme centre du territoire le plus riche et le plus fertile du *Texas*, comme seul port commode et sûr pour une côte de 900 milles sur le golfe du *Mexique*, sinon que sa destinée est d'être pour le *Texas* ce qu'est la *Nouvelle-Orléans* pour le *Mississippi* et l'*Alabama*, et ce que *Liverpool* est pour le *Lancashire*?

Est-il beaucoup de ports où la nature ait ainsi déposé pour ainsi dire la clé du commerce d'une immense étendue de pays?

### Importations et exportations.

Il est inutile de dire qu'à mesure que *Galveston* sera le grand dépôt pour l'exportation, cette ville deviendra la grande voie pour l'importation du pays. Le commerce principal de *Galveston* se composant de sucre, coton et grains, se fera avec l'*Angleterre*. Pour le commerce général entre les *Etats-Unis* et l'*Angleterre*, il se trouve que l'importation de denrées anglaises est égale à l'exportation de denrées américaines. Il est à croire qu'il en sera de même à l'égard de *Galveston*.

La réciprocité de commerce entre les deux pays prouve la grande importance, pour l'*Angleterre*, du développement des chemins de fer aux *Etats-Unis*; car, au fur et à mesure que les produits et l'industrie des *Etats-Unis* augmentent et se multiplient, le commerce entre les deux pays doit s'augmenter. Il a été dit que les quatre cinquièmes du tonnage étranger qui entre dans les ports des *Etats-Unis*, sont anglais, tandis qu'il est reconnu que les manufacturiers anglais n'ont pas de meilleurs débouchés que les *Etats-Unis*. On peut même assurer que l'industrie anglaise est soutenue, et même que le bien-être du peuple anglais est en grande partie favorisé par les produits du sol américain. On peut citer à l'appui l'article du coton. — La ville de *Manchester* manufacture et consomme plus d'un tiers de coton des *Etats-Unis* de plus qu'aucune autre ville du monde, et l'importance de ce commerce peut se reconnaître dans le fait qu'en 1850, le total des manufactures de coton de l'*Angleterre* a excédé 52,000,000 l. st. Aujourd'hui il est de beaucoup augmenté. Donc, le prix des denrées manufacturées doit être en proportion des denrées brutes, et tout ce qui tend à augmenter la culture du coton en doit nécessairement faire diminuer le prix, ainsi que celui des denrées fabriquées, d'où il résulte un avantage pour le consommateur, d'autant plus grand que la quantité de marchandises de coton employée en *Angleterre* et dans ses dépendances, en fait comme un produit national. Ce n'est pas là le seul résultat que produirait une augmentation de la culture de la matière brute, car le fait est admis que la consommation augmente toujours en raison de la diminution du prix, et que l'accroissement d'activité dans les manufactures doit donner une nouvelle impulsion à l'industrie. Quoique le commerce de coton soit le principal entre les deux pays, l'*Angleterre* compte en grande partie sur les *Etats-Unis* pour son tabac, son sucre, ses grains et sa mélasse. En retour, elle donne le produit de ses fabriques, et soit qu'on traverse la ville populeuse de *New-York*, les Etats de la *Nouvelle-Angleterre* ou les Etats les plus reculés de l'*Union*, on trouvera partout les magasins remplis de marchandises fabriquées par des mains anglaises sur un sol anglais, des chemins de fer faits avec du fer anglais, des locomotives et des machines qui sortent d'ateliers anglais. Tout ce qui tend à augmenter cette réciprocité de commerce et d'industrie, doit être avantageux d'une et d'autre part, et, par conséquent, les chemins de fer des *Etats-Unis* qui apportent les produits du sol au port d'où ils sont exportés à un prix très-diminué, ne peuvent qu'avoir une grande importance pour l'*Angleterre*. Quoique susceptible d'une application générale, ceci peut se dire surtout du riche et vaste Etat du *Texas*, dont les richesses consistent entièrement dans les produits de son sol, à savoir : le sucre, le coton, le tabac, la mélasse et les grains.

## Transport de voyageurs par chemins de fer aux Etats-Unis comparé avec celui de la Grande-Bretagne.

Les chemins de fer étant devenus aux *Etats-Unis* ce qu'ils sont en Angleterre, la voie principale de transport pour les marchandises, y ont en outre obtenu une préférence pour le transport des voyageurs. Cette préférence y est même plus sensible encore, vu la différence du nombre des habitants. Prenant comme exemple le transport de voyageurs par chemins de fer dans les Etats les plus peuplés aussi bien que dans ceux de l'ouest de l'*Union*, nous trouvons que le rapport du nombre total de voyageurs de l'*Ohio*, de l'*Indiana*, du *Kentucky* et du *Tennessee*, à la population de ces Etats est le même que celui qui existe dans les Etats de la

*Nouvelle-Angleterre* et dans celui de *New-York*. En voici le tableau :

| | | |
|---|---|---|
| Population de la *Nouvelle-Angleterre* et de *New-Yorck*. | 5,816,870. —Voyageurs, par an | 19,123,238 |
| Population des quatre États de *l'Ouest*. | 4,953,834. —Voyageurs id. | 16,248,641 |
| Total...... | 10,770,724 | 35,371,879 |

Les rapports des chemins de fer de l'*Angleterre* donnent les résultats suivants :

| | | Voyageurs par chemin de fer pendant l'année 1852. |
|---|---|---|
| Population de *l'Angleterre* et du pays de *Galles*, d'après le recensement de 1852..... | 17,927,609 | 32,682,415 |
| Population de *l'Écosse*.... | 2,888,742 | 3,905,724 |
| Population de *l'Irlande*... | 6,515,794 | 2,661,466 |
| Total...... | 27,332,145 | 39,249,605 |

Ce qui démontre que, vu la population relative des deux pays, le nombre des voyageurs par chemins de fer aux *Etats-Unis* dépasse du double celui de l'*Angleterre* et de l'*Irlande*; pour qu'il y eût égalité, il faudrait que le nombre des voyageurs en *Angleterre* fût de.   89,765,480
Au lieu de.   .   .   .   .   .   .   .   .   39,249,625

En supposant donc la population des deux pays égale, le résultat en faveur des *Etats-Unis* serait un excédant annuel de 50,515,855 voyageurs.

### Comparaison des bénéfices.

Si nous examinons la question la plus importante pour le capitaliste, nous trouvons, en comparant les produits des

chemins de fer des deux pays, que ceux des *Etats-Unis*
offrent des avantages très-supérieurs à ceux de l'*Angleterre*,
tandis que leurs garanties sont au moins égales. Le tableau
suivant en fournit la démonstration :

| Etats. | Milles. | Coût. | Coût par mille. | Bénéfices |
|---|---|---|---|---|
| | | l st | l st | |
| *Massachussetts*.......... | 1,089 | 12,519,059 | 11,496 | 7,5 p. 0/0 |
| *New-York*.............. | 1,826 | 17,300,000 | 9,474 | 9,44 |
| *Géorgie*............... | 714 | 1,453,200 | 2,036 | 10,»» |

Ce résultat a été calculé pour un espace de temps com-
parativement très-court. La majeure partie des chemins
de fer des Etats de l'*Ouest* n'a été commencée que dans les
cinq ou dix dernières années, et présente des résultats
encore plus grands. Telle est la rapidité des revenus pour
les chemins de fer que quelques-uns ont rendu de 7 à 10
pour cent avant d'être terminés. Ceci s'applique aussi bien à
ceux qui traversent d'épaisses forêts, qu'à ceux qui relient
des villes entr'elles. Le progrès du transport par chemin
de fer est démontré par le fait que, dans l'année 1852, les
bénéfices excédant ceux de l'année précédente se mon-
taient à 15 pour cent sur la distance par *mille*, et à 10 pour
cent sur le coût. On pourrait citer plusieurs exemples de
bénéfices qui se sont élevés bien au-delà de 10 pour cent
par an. Le chemin de fer de *Chicago* à *Galena* a rendu un
bénéfice de 12 pour cent par an pour 1849, et de 16 pour
cent pour 1850, quand il n'y avait encore que quarante
milles de chemin construits, et aujourd'hui il doit rendre
beaucoup plus.

Voici maintenant le tableau du produit des meilleures lignes en Angleterre :

| | Milles. | Coût total l. st. | Coût p. mille l. st. | Dernier divid°. |
|---|---|---|---|---|
| London et North Western....... .... | 540 | 29,849,161 | 53,978 | 5,»» |
| Great Western.................... | 318 | 18,130,027 | 56,666 | 4,»» |
| Midland, Bristol, Birmingham...... | 498 | 18,459,765 | 36,973 | 3,05 |
| Great Northen.................... | 283 | 10,758,478 | 36.993 | 2.10 |
| Eastern Counties et Northen-Eastern.. | 322 | 12,807,362 | 40,022 | 2,10 |
| York, Newcastle et Berwick......... ....<br>York et North Midland et Leeds Nor-<br>thern..................... ......<br>Dans Leeds Northern............. | 682 | 19,158,627 | 29,337 | 2.»» |
| (Action ordinaire, pas de dividende). | | | | |
| London et South Western..... ... | 253 | 8,716,138 | 34,589 | 3,10 |
| London, Brighton et South Coast.... | 173 | 7,365,242 | 42,574 | 3.12 |
| Lancaster et Carlisle.......... .... | 90 | 1,990,559 | 22.117 | 8,»» |
| Eastern Union ................ ... | 95 | 2,396,737 | 25,220 | |
| Great Southern et Western Ireland.. | 188 | 3,772,470 | 20,066 | 4,10 |
| Irish South Eastern............. .... | 25 | 252,479 | 10,000 | 1,10 |
| Caledionian et Edimburgh, et Glas-<br>gow................. | 307 | 7,464,640 | 39,442 | 1,10 |

Prenant le terme moyen des dividendes des chemins de fer, on trouvera que, tandis qu'en *Angleterre* il est de 3 1/2 pour cent, en Irlande de 3 pour cent, et en *Ecosse* de 1 1/2 pour cent par an, il est aux *Etats-Unis* de plus de 9 pour cent par an.

Prenant la valeur relative des deux garanties d'après le prix courant des actions, nous reconnaîtrons qu'une grande préférence est accordée aux actions de chemins de fer des *Etats-Unis*, et que rarement, ou pour mieux dire jamais, les actions d'un chemin de fer aux *Etats-Unis* ne se trouvent au-dessous du pair.

5 pour 0/0 par an sur les actions ordinaires

## Avantages que présentent les chemins de fer des États-Unis.

Ce n'est pas seulement par la plus grande étendue de commerce que les chemins de fer aux *États-Unis* présentent de si grands avantages sur ceux de l'*Angleterre*; c'est aussi par la différence de prix de construction et d'entretien. Dans la Grande-Bretagne, l'entretien peut s'estimer, terme moyen, à 45 pour cent, et aux *États-Unis* à 40 pour cent. En outre les tables ci-dessus démontrent l'immense économie de construction dans les chemins de fer aux *États-Unis*.

Le gouvernement des *États-Unis*, considérant les chemins de fer comme source de prospérité et d'industrie pour le pays, offre à leur établissement toute espèce d'encouragement, et ne permet pas qu'ils soient sujets à des débats judiciaires ruineux. Le gouvernement des divers États que doit traverser un chemin de fer, après en avoir approuvé le plan et s'être convaincu de la solvabilité des entrepreneurs, accorde un acte d'*incorporation* avec pleins pouvoirs et priviléges; ainsi le premier pas qui, en *Angleterre*, entraîne un débours de plusieurs milliers de livres sterling dépensés en plaidant contre des intérêts opposés et contre des propriétaires, se trouve, aux *États-Unis*, réduit à un chiffre très-minime.

## Concession de terres faite à la compagnie.

La Compagnie a reçu du gouvernement de l'Etat une concession libre de seize sections de terre contenant chacune 640 acres ou 10,240 acres de terre pour chaque mille de chemin de fer achevé : de sorte que la Compagnie aura droit pour les 210 milles de chemin de fer à une étendue de 2,150,400 acres de terre. En outre, il a été concédé à la Compagnie 10,240 acres de terre par mille *pour chaque mille d'embranchement qu'elle construira selon qu'il lui semblera nécessaire, en vertu des pouvoirs que lui donne à cet effet son acte d'incorporation.* La Compagnie pourra choisir lesdites terres parmi celles qui sont à la disposition de l'Etat du *Texas.* Au prix du gouvernement (un dollar vingt-cinq cents par acre), ce privilége est équivalent à une concession pécuniaire immédiate de 2,688,000 dollars, ou de 537,600 livres sterling : mais la valeur réelle de ces terres sera de beaucoup plus considérable après l'établissement du chemin de fer. Il serait superflu de donner ici des preuves à l'appui d'un fait universellement reconnu, à savoir : que l'effet immédiat des chemins de fer est d'augmenter la valeur des terres environnantes. Prenant pour exemple le terme moyen de l'augmentation de la valeur des terres dans les Etats de l'*Ouest,* nous pouvons estimer que les 2,150,400 acres de terre de la concession ne vaudront pas moins de 6 dollars l'acre, à l'ouverture des chemins de fer, ce qui équivaut à une concession pécuniaire de 16,902,400 dollars, ou 2,580,400 livres sterling, fr. 64,510,000.

### Obligations.

Les obligations ont été pour beaucoup dans la construction des chemins de fer en *Amérique*. Vu la plus grande valeur de l'argent aux *Etats-Unis*, elles rapportent généralement six pour cent par an d'intérêt, tandis que les obligations des chemins de fer anglais ne rendent, terme moyen, que quatre et un quart pour cent. Elles présentent en outre une sécurité digne de toute l'attention des capitalistes. Le pouvoir dont est revêtu le porteur d'obligations, aux *Etats-Unis*, dépasse de beaucoup celui dont jouit le porteur d'obligations d'une compagnie de chemin de fer en Angleterre. Aux *Etats-Unis* aucune compagnie n'a le droit de déclarer des dividendes avant d'avoir acquitté toutes ses obligations. Ces obligations et les dettes quelconques sont privilégiées et peuvent être réclamées avant que les actionnaires ne puissent percevoir un dividende ou aucun autre profit quelconque.

Dans le cas où un chemin de fer ne paierait pas ses obligations, les porteurs peuvent, par le moyen d'un procédé légal court et simple, se faire investir de pleins pouvoirs sur la propriété et l'exploiter pour leur propre compte. Le paiement des obligations est généralement assuré par un mandat de confiance donné à quelque citoyen connu et respecté de *New-York*, lequel est revêtu par cet acte, comme administrateur, de pleins pouvoirs sur la propriété pour en prendre possession, ainsi que de ses revenus, franchises, effets personnels, etc. En cas de faillite, il en fera la vente au comptant, à l'enchère, après soixante jours d'avis, sans l'intervention de la cour de chancellerie. Les obligations sont ordinairement subdivisées en deux classes, l'une convertible en actions au gré du propriétaire dans un temps donné, et l'autre non convertible. Les premières ont l'avantage de s'échanger contre des actions aussitôt que celles-ci montent au-dessus du pair. « Cette condition, » dit le *Times*, dans l'article d'où nous tirons nos citations, « a été trouvée surtout avantageuse par beaucoup de porteurs d'obligations des chemins de fer de *l'Ouest*, dont les actions sont, pour la plupart, montées au-dessus du pair, du moment que la construction en a été achevée. » *La conséquence de cette loi positive, est que les obligations de chemins de fer sont considérées comme réunissant les meilleures sécurités possibles.* L'intérêt est payé exactement, et le capital remboursé à son échéance. La préférence qui leur est accordée est démontrée par le fait même qu'elles obtiennent généralement une forte prime. Il arrive assez souvent que des villes et des comtés ont réalisé de fortes sommes par ce moyen. La ville de *Cleveland* dans l'*Ohio*, ayant souscrit pour 400,000 dollars dans plusieurs compagnies, vend en ce moment ses actions à une prime de 24 à 27 pour cent.

Les actions et les obligations aux *Etats-Unis* ne peuvent être émises qu'au porteur ; ainsi, quand le porteur d'actions ou obligations d'un chemin de fer des *Etats-Unis* a son domicile en *Angleterre*, il est entièrement exempté des taxes imposées dans l'Union.

Dans les pages précédentes, il a été parlé de l'étendue et de la fertilité du terrain que doit traverser le chemin de fer de *Galveston*, *Houston* et *Henderson*, de l'immense réseau de chemins de fer construits et en cours de construction avec lequel il fera jonction avant d'arriver à son point d'arrêt, la ville d'*Henderson*.

Il nous reste maintenant à traiter plus particulièrement de la section de la ligne qui s'étend depuis la ville de *Galveston* jusqu'à celle de *Houston*. On se rappellera que cette section est déjà en cours d'exécution et que 53 milles seront ouverts au commerce dans le courant de l'année prochaine. Cette section a été commencée la première, vu son importance. Elle fera jonction avec d'autres lignes qui fonctionnent déjà, et le trafic entre ces deux points suffit pour garantir qu'il en sera de cette section comme il en a été de *Chicago*, de *Galena*, et de la plupart des lignes de l'*Ouest*, c'est-à-dire que, même avant son achèvement, elle paiera de forts dividendes.

Le coût total de 53 milles de chemin de *Galveston* à *Houston*, en comptant les stations, embarcadères, machines, etc., etc., doit monter à 8,750,000 francs, ou 350,000 liv. sterling. Sur cette somme, fr. 5,000,000 proviendront d'actions, lesquelles ont déjà été souscrites en totalité, placées et payées, et 150,000 d'obligations.

## Estimation des revenus.

Pour évaluer les revenus probables de ce premier tronçon entre *Galveston* et *Houston*, nous prenons pour base le trafic annuel de ce seul district.

On peut voir sur la carte ci-jointe que la première voie ferrée que doit toucher la nôtre, cinq milles avant *Houston*, est celle qui va de *Harrisburg* à *San-Antonio* et au-delà. Elle est dès à présent en activité depuis *Richmond*; elle sert pour quelques marchandises qui, arrivées à *Harris-burg*, sont acheminées par terre jusqu'à *Galveston* : c'est une distance de 70 milles. Les autres sont transportées par eau, voie plus coûteuse et plus longue, puisqu'il s'agit de 145 milles à parcourir. Il est bien évident que notre ligne, une fois ouverte, profitera de tous ces transports, car elle offrira le double avantage de l'économie et de la célérité.

*Mouvement du commerce de Galveston, Houston et du district intermédiaire, pour l'année 1852; frais actuels de transport et frais proposés par le chemin de fer.*

| | Frais actuels de transport. | | Frais par le chemin de fer. | |
|---|---|---|---|---|
| | doll. cents par balle. | dolls | doll. cents par balle. | dolls |
| 90,000 balles de coton embarquées de *Houston* à *Galveston* . . . . . . . . . . . . . | 1,25 | 112,500 | 0,50 | 45,000 |
| 30,000 id., par la rivière de *Brazos*, déduction faite des frais payés au chemin de fer de *Harrisburg* . . . . . | 1,25 | 37,500 | 0,50 | 15,000 |
| | | | A Reporter . . . . . . | 60,000 |

| | | | Report..... | 60,000 |
|---|---|---|---|---|
| 210,000 barils importés. | 1,»» | 210,000 | »,37 1/2 | 77,550 |
| 80,000 barils par la route de *Harrisburg*..... | 1.25 | 100,000 | »,37 1/2 | 33,000 |
| | *Par quintal.* | | *Par quintal.* | |
| 22,000 barils de sucre par la route de *Harrisburg* | 3.50 | 77,000 | 1,»» | 22 000 |
| 36,000 barils de mélasse, par la même voie..... | 1.25 | 45,000 | »,25 | 9,000 |
| Autres transports de maïs, froment, tabac, viande salée, etc., apportés par eau..... | | 56,250 | | 22,500 |
| En outre de ce qui est ci-dessus mentionné, un fret de G^es 25,000, a aussi été payé sur diverses marchandises voiturées par chemin. | | 25,000 | | 9,000 |
| | *Par personne* | | | |
| 29,000 voyageurs, terme moyen..... | Dolls 2,»» | 58,000 | Dolls 2,»» | 58,000 |
| 20,000 id., par la route de *Harrisburg*..... | 10,»» | 200,000 | 2,»» | 40,000 |
| | | | Total : | 321,050 |
| | | | Réduit en livres sterling : | 66,210 |

Si du produit total de l. st. 66,210 par an, on déduit 40 pour 100 pour frais d'exploitation (ce qui dépasse le terme moyen des frais des chemins de fer aux États-Unis), il reste, en ne comptant que le mouvement actuel, une somme nette de l. st. 39,726. Le paiement de tout dividende est, comme il a été dit, subordonné à l'acquittement des dettes hypothécaires de la Compagnie.

Le revenu produit par le trafic actuel sera donc divisé de la manière suivante :

Produit brut.    .    .    l. st. 66,210,   fr. 1,655,250

A déduire 40 pour 100 pour les frais, fr.    662,100

Reste net.    .    .   fr.    993,150

Intérêts à 6 pour 100 pour les obligations.    .    .    .    .    .  225,000

Prélèvement annuel pour l'amortissement.    .    .    .    .  125,000

fr.    350,000

Reste pour le dividende des actions..    .    .    .    .    .    .    .    .    .    .    fr.    643,150

Soit 12 4,5 pour cent.

Il n'y a pas eu moins de 120,000 balles de coton exportées dans l'année 1852 par *Galveston* : ce chiffre cependant est loin de représenter la production totale du district. En effet, l'absence de moyens de transport jusqu'à *Galveston*, fait expédier une grande partie des produits à la *Nouvelle-Orléans* et à d'autres ports éloignés; on peut en dire autant du sucre, du blé, des mélasses et du maïs. Mais nous nous sommes ici contentés de présenter le chiffre du trafic actuel, d'après lequel le lecteur sera à même de juger quelle doit en être l'augmentation. Il y a tout lieu de supposer que le mouvement d'affaires d'un district aussi vaste et aussi fertile, fera du chemin de fer de *Galveston*, *Houston* et *Henderson* une des lignes les plus avantageuses des *États-Unis*.

C'est ici le lieu de rappeler la valeur des concessions de terres faites à la Compagnie. La proximité de la côte et des villes importantes de *Houston* et de *Galveston* doit donner à ces terres un très-grand prix. Sur la première section, entre *Galveston* et *Houston*, la compagnie a obtenu une concession de 542,720 acres. Cette concession, même au bas prix de 20 francs l'acre, représente une valeur supérieure au coût du chemin, non compris la grande étendue de terres que possède la compagnie dans la ville de *Galveston* et le long de la côte.

## Emission d'obligations pour l. st. 150,000.
### (3,750,000 fr.)

La compagnie se trouvant en position d'exercer ses droits d'emprunter hypothécairement, a émis des obligations pour l. st. 150,000.

1° Ces obligations sont de l. st. 100 (2,500 fr.) chacune.

2° Elles sont remboursables à terme fixe et au pair le 1er décembre 1873, et portent intérêt à 6 pour 0/0.

3° L'intérêt des obligations est payé par semestre le 1er décembre et le 1er juin, sur présentation des coupons.

4° Les porteurs d'obligations ont droit de convertir leurs titres en actions au pair durant les trois premières années qui suivront la livraison du chemin de fer entre *Galveston* et *Houston*.

5° Ces obligations sont garanties par première hypothè-

que sur tous les biens de la compagnie depuis *Galveston*
jusqu'à *Houston*, y compris les 542.720 acres de terre.


## Extrait du journal anglais Times du    septembre 1853 sur les chemins de fer des Etats-Unis.


L'augmentation des richesses de l'*Union* et le développement des ressources américaines sont dus en si grande partie aux chemins de fer déjà construits, et un si grand capital européen y est engagé, que le sujet m'a paru digne d'un examen attentif dans ma correspondance avec le *Times*. J'ai déjà, en d'autres occasions, fourni des statistiques générales sur ce sujet, mais je me propose aujourd'hui de présenter un exposé complet et détaillé du progrès de nos chemins de fer, afin que les lecteurs puissent reconnaitre par eux-mêmes, la valeur et la sûreté offertes par les actions et obligations de chemins de fer aux *Etats-Unis* pour le placement permanent de capitaux.

Les chemins de fer aux *Etats-Unis* reçoivent invariablement leurs chartes du gouvernement des divers Etats qu'ils traversent. Je ne connais que de rares cas exceptionnels où la requête d'une charte pour un chemin de fer ait été refusée à une compagnie, pourvu toutefois que la responsabilité des demandants et le montant des actions souscrites aient donné une garantie suffisante de l'exécution de l'entreprise. Les pouvoirs et priviléges conférés par ces

chartes des États sont très-semblables à ceux que confè-
rent les chartes du Parlement britannique. Les actions et
obligations de chemins de fer sont regardées comme propriété personnelle, et comme telles (dans des limites spéci-
fiées) sujettes à taxation. Il ne peut être mis de taxe sur le
matériel ni sur le sol de la voie, mais dans les cas où il
existe des biens-fonds d'une certaine valeur, employés
comme dépôts, stations, etc., ils sont sujets à taxe. Toutefois, les droits sur les actions et obligations ne peuvent être
perçus que sur le porteur, qui en est exempt, s'il habite
en pays étranger. A cet égard l'Européen porteur d'obligations et d'actions Américaines a un avantage sur l'Américain lui-même. Je ne connais aucun cas où il ait été imposé
des conditions ou clauses onéreuses à une compagnie de
chemin de fer d'aucun État, tandis que je n'en connais
aucun en *Angleterre* dont on puisse en dire autant.

Il ne peut exister de chemins de fer aux *États-Unis* qui
aient le droit de déclarer des dividendes, tant qu'ils se trouvent avoir des obligations dues, et toutes ces obligations et
dettes quelconques sont privilégiées : elles peuvent être
réclamées en justice et perçues avant que les porteurs d'actions puissent recevoir un dividende ou profit quelconque;
si la compagnie manque au paiement de ses bons et hypo-
thèques, les créanciers hypothécaires peuvent, d'après un
procédé simple et légal, être investis du droit absolu sur
toute la propriété et l'exploiter pour leur compte. En d'autres termes, le droit d'appliquer les principes bien connus
de la loi relative aux droits et devoirs des hypothécaires

prévaut dans tous nos chemins de fer et peut être mis à exécution par un tribunal quelconque dans les limites du district judiciaire. Le paiement des obligations des chemins de fer est généralement garanti par un acte d'administration donné à quelque citoyen bien connu et responsable, de *New-York*, ayant plein pouvoir comme administrateur pour prendre possession de la route, de ses revenus, franchises, biens, meubles, etc., dans le cas où les engagements pris par la compagnie n'auraient pas été remplis, et de les vendre, argent comptant, au plus offrant, après avis 60 jours à l'avance, sans l'intervention de la cour de chancellerie.

Presque toutes les obligations émises pour des chemins de fer américains offrent les mêmes garanties et avantages. Elles sont ou assurées par hypothèque sur les biens des routes même, ou ce sont des obligations ordinaires sans hypothèque. Mais elles sont subdivisées en deux classes : celles qui peuvent se convertir en actions au gré des porteurs, pour le montant de la somme qu'elles représentent; celles qui ne sont pas convertibles. Les obligations convertibles ont l'avantage de pouvoir être échangées contre des actions, du moment que ces dernières montent au-dessus du pair. Cette condition a surtout été trouvée avantageuse par les porteurs des obligations des chemins de l'*Ouest*, dont les actions sont, pour la plupart, montées au-dessus du pair, aussitôt qu'ils ont été achevés.

Presque tous les chemins de fer de l'*Ouest* ont été projetés et construits spécialement pour le service des habitants des districts qu'ils traversent. Leur unique but était de se rapprocher d'un marché pour leurs produits. Le capital était rare dans l'*Ouest*, comme il l'est dans tous les pays neufs. Il fallait créer des débouchés pour *New-York* ainsi que pour les fleuves navigables. Ces chemins furent donc entrepris dans un but d'utilité générale. Il reste à constater un point très important. Presque toutes les routes qui ont été construites dans l'*Ouest*, et celles qui sont aujourd'hui en cours de construction, datent des cinq ou dix dernières années. Une grande partie de ces routes ont payé de 7 à 10 pour cent avant d'être achevées. Ceci s'applique autant à celles qui traversent d'épaisses forêts qu'à celles qui vont d'une ville à l'autre, et la raison en est claire : on ne peut construire de route nulle part dans l'*Ouest* qu'elle ne donne des facilités aux cultivateurs pour transporter leurs produits au marché.

J'ai donné un tableau qui démontre l'augmentation de valeur des produits agricoles dans les districts qui ont accès aux marchés par des chemins de fer, sur la valeur des mêmes produits dans les districts où ces chemins n'existent pas encore. Nous n'avons pas de grands marchés dans l'intérieur. Nous sommes obligés d'aller trouver le bord de la mer où sont presque toutes nos fabriques et d'où se font nos exportations pour l'étranger. Il a été prouvé que les produits agricoles peuvent se transporter par chemins de fer pour la dixième partie des frais de transport par les voies ordinaires. Le tableau que j'ai présenté donne le montant économisé sur chaque tonne par les chemins de fer.

Ce tableau est d'autant plus utile qu'il prouve la sûreté ainsi que la stabilité des ressources que possèdent les chemins de fer de l'*Ouest* pour leurs revenus. La majorité de notre population de l'*Ouest* est agricole, et le sera encore longtemps, et la majeure partie des recettes des chemins de fer proviendra du transport des produits. Il n'est d'ailleurs presque pas de pays au monde, où la même quantité de labeur donne une égale quantité de produits. Ces raisons, ainsi que d'autres, fondées sur les faits énoncés ci-dessus, tendent à prouver la solidité de la base de prospérité des chemins de fer de l'*Ouest* en général, tandis que la prime qu'obtiennent leurs actions et les dividendes qu'ils se partagent, en sont encore des preuves incontestables.

L'année 1852 a été la plus prospère pour nos chemins de fer en exploitation et en cours de construction. Les bénéfices ont présenté, terme moyen, une augmentation de 15 pour cent par mille, et de 10 pour cent sur le coût. Cette énorme augmentation est due, en partie, à d'abondantes récoltes, et en partie à un surcroît d'activité dans les industries et affaires de tous genres; mais dans ce pays, plus que dans tout autre, l'accroissement du réseau de chemins de fer semble promettre d'excellents résultats pour chaque chemin de fer en particulier. On n'entend presque plus parler de transports autres que par chemin de fer ou par eau. Les Américains même peuvent à peine se faire une idée des progrès faits par les chemins de fer aux *États-Unis*, et nous pouvons encore moins comprendre le progrès qui se prépare pour l'avenir. Ceux qui ont donné quelque at-

tention à ce sujet ne doutent nullement que la construction
des chemins de fer au sud-ouest et à l'ouest, cet immense
grenier du monde, ne continue et n'augmente en moyenne
pendant bien longtemps encore. Si ce vaste district devait
être sillonné de chemins de fer dans la même proportion
que l'est celui du Massachussetts, il y en aurait au moins
pour une longueur de 100,000 milles.

Quel amateur d'études d'économie politique en *Angleterre* et en *Amérique* ne trouvera pas ici un argument en
faveur du commerce libre? Avec les facilités supérieures
que possède l'Angleterre pour la fabrication du fer, et nos
facilités supérieures aux siennes pour l'agriculture, il n'est
personne qui soit assez aveugle pour ne pas voir que c'est
à elle de nous fabriquer du fer, et de prendre en paiement
nos produits agricoles, à moins qu'une législation inintel-
ligente ne vienne interrompre l'ordre naturel des lois de
la Providence.

# NOTE.

Les terres communes dans les *Etats–Unis* sont la propriété de tous, excepté dans l'Etat du *Texas*, qui est propriétaire de son propre domaine. D'après les prescriptions de la loi, un mille par six milles carrés est réservé : le reste, vendu au profit de la Confédération, rapporte plusieurs millions de dollars par an. Ce revenu joint à celui de l'Etat, ne s'élève pas à moins de 60,000,000 de dollars, et a déjà par trois fois annulé la dette publique. Il n'existe donc aucune probabilité de taxe sur les propriétés particulières pour subvenir aux dépenses du Gouvernement.

Les différents Etats, en insérant de temps à autre dans leurs constitutions des clauses portant défense de contracter de nouvelles dettes étrangères, ont augmenté le capital qui cherche un placement; quelques Etats ont adopté, en principe, la concession à leurs districts de la construction des chemins de fer dans leurs localités, et l'émission d'obligations garanties, proportionnellement à leur solvabilité, suivant l'appréciation des législateurs, juges de la nécessité de ces chemins. Ce mode de procéder n'a pas peu servi à augmenter le nombre des voies ferrées, à donner de l'impulsion aux affaires et à leur imprimer une utile direction.

La garantie des obligations (ou bons) des districts est considérée comme égale au moins à celle des obligations des Etats eux-mêmes ; dans certains cas elle a plus de valeur encore. Le paiement de ces obligations peut être poursuivi en justice, et le chemin de fer vendu aux enchères sous la responsabilité de l'Etat. Ces bons (obligations) trouvent principalement leur placement dans les Etats ; néanmoins, une partie très-considérable a été vendue pour compte d'étrangers ; les intérêts en sont très-élevés et leur paiement s'opère avec exactitude.

Dans les quatre dernières années, l'accumulation énorme de métaux précieux a eu pour conséquence immédiate d'augmenter la valeur des terres dans les Etats et de mettre ces entreprises à l'abri de la possibilité d'une interruption causée par une guerre ou une crise dans un pays quelconque.

En 1850, les Monnaies ont frappé environ 40 millions de dollars ; en 1851, environ 60 millions, et en 1853, plus de 100 millions. Il n'est guère possible d'évaluer la quantité d'or produite par les *Etats-Unis*. Cette production doit durer encore pendant un temps illimité.

L'expérience a prouvé que la valeur des terres au *Texas* résulte de ce que l'Etat est lui-même propriétaire de son sol : c'est l'Etat de l'*Atlantique* le plus rapproché de tous les Etats qui produisent de l'or. Le *Texas* est regardé, par anticipation, comme le terme des chemins de fer vers la mer *Pacifique*. Des acquéreurs en grand nombre se sont présentés et ont payé leurs achats en or, et se sont en outre empressés de souscrire pour les améliorations à opérer.

Lorsque le *Texas* devint un Etat indépendant, la guerre qu'il avait eue à soutenir contre le *Mexique*, avait mis à sa charge une dette publique excessivement lourde ; mais le peuple prévit les avantages qui résulteraient d'une annexion et pétitionna sagement afin d'être admis au nombre des Etats souverains. La libéralité du Gouvernement général vint à son aide, et paya, contre l'abandon de terres sur ses frontières occidentales, 5,000,000 de dollars de sa dette. Les embarras financiers cessèrent et le *Texas* recouvra un crédit qu'il a toujours maintenu sur le pied le plus honorable et à l'égal de l'Etat le plus en crédit.

Posant en principe que la prospérité d'un État dépend du chiffre de sa population industrielle, le *Texas* s'est servi de la richesse de son sol pour pousser à la culture, et de l'amélioration des rapports publics intérieurs pour faciliter le commerce et les relations du peuple, et engager les émigrés étrangers à devenir ses citoyens.

Le chemin de fer dont nous parlons, forme une tête de ligne auquel l'Etat a assuré assez de terres pour que l'augmentation de prix de celles-ci, une fois qu'un simple tracé sera achevé, suffise à couvrir et au-delà les dépenses d'une seconde voie ; ce qui, comme on le prévoit, sera nécessaire aussitôt que le chemin du *Pacifique* sera en voie de construction. Le privilége et une concession considérable de terres ont déjà été accordés pour l'exécution de cette autre ligne qui doit couper notre chemin de fer à *Henderson*. Les propriétaires d'actions se réunissent pour compléter le tracé de *Houston* à *Henderson*, dans la prévision qu'ils seront chargés du transport des matériaux, des provisions, et des ouvriers nécessaires à la construction du grand chemin du *Pacifique*. Un simple calcul démontrera les bénéfices énormes que rapportera ce chemin. — En un mot, il offre la meilleure garantie et la plus belle perspective comme placement de capitaux dans une entreprise quelconque de chemin de fer en *Amérique*.

Paris. — Typographie Gaittet et Belhatte, rue Git-le-Cœur, 7.

# COURS DES ACTIONS DES CHEMINS DE FER AMÉRICAINS

| NOMS DES CHEMINS DE FER. | LONGUEUR de LA VOIE. | COUT GÉNÉRAL. | COURS DES ACTIONS A NEW-YORK au 10 décembre 1853. *Prix d'émission : 100 doll.* |
|---|---|---|---|
| | Milles. | Dollars. | Dollars. |
| Concord | 35 | 1,485,000 | 104 1/2 |
| Nashua et Lowell | 15 | 651,214 | 109 |
| Vermont et Canada. | 47 | 1,500,000 | 100 |
| Boston et Maine. | 83 | 4,092,927 | 104 |
| Boston et Worcester | 69 | 4,845,967 | 102 |
| Fall River. | 42 | 1,050,000 | 106 1/2 |
| New-Bedfort et Taunton. | 20 | 520,475 | 117 |
| Hartford et New-Haven | 72 | 3,150,000 | 118 1/2 |
| New-York et New-Haven. | 61 | 4,978,487 | 103 |
| Buffalo et State-Line. | 69 | 1,921,271 | 130 |
| New-York Central | 504 | 33,859,423 | 115 1/2 |
| Camden et Amboy. | 65 | 4,427,498 | 145 |
| New-Jersey | 31 | 3,245,720 | 131 |
| Erie et North-East. | 20 | 750,000 | 125 |
| Pennsylvania, Coal Cᵒ, | 47 | 1,500,000 | 103 |
| Richmond, Frederiksburg et Potomac | 76 | 1,531,238 | 100 |
| South Carolina | 242 | 7,002,396 | 125 |
| Georgia Central. | 191 | 3,378,132 | 115 |
| Macon et Western. | 101 | 1,596,283 | 100 |
| Cleveland et Columbus | 135 | 3,655,000 | 124 |
| Cincinnati, Hamilton et Dayon. | 60 | 2,659,653 | 106 |
| Little Miami. | 84 | 2,634,157 | 113 |
| Xénia et Columbus. | 54 | 1,257,714 | 116 |
| Cleveland et Erie | 95 | 3,000,000 | 125 |
| Indiana Northern | 131 | 3,500,000 | 115 |
| Indianapolis et Belfontaine. | 83 | 2,000,000 | 116 |
| Terre haute et Indianapolis. | 72 | 1,353,019 | 108 |
| Illinois Central. | 750 | 17,000,000 | 136 |
| Galena et Chicago | 92 | 2,500,000 | 122 |
| Michigan Southern. | 317 | 6,888,794 | 125 |
| Michigan Central | 280 | 8,614,193 | 110 |
| TOTAUX. | 3943 | 136,448,561 dol. | 119 cours moyen |

En résumé, la Prime moyenne des 31 principaux Chemins de fer des États-Unis était,
à la date du 10 décembre 1853, de 19 0/0.

Capital. . . . . . . 136,448,561 dollars.
Soit . . . . . . . . 723,176,363 francs.

www.ingramcontent.com/pod-product-compliance
Lightning Source LLC
LaVergne TN
LVHW011353170726
843501LV00006B/1802